이제 나는 머물지 않을 수 있는데

모아드림 기획시선 124

이제 나는 머물지 않을 수 있는데

강경화 시집

모아드림

■ 自序

그래 어떠랴, 저 비 오는 안개 속에
속 깊이 푸르른 나무들
저 홀로 고요한들.
보는 이 아무도 없어 외로움인들 어떠랴,
아름다움이 저 홀로 빛난들
그래서 허무함인들 어떠랴, 그래, 어떠랴,
새로운 시간을 위해
시간을 버리며 휘저으며 떠나간 사람들
다시는 오지 않은들 어떠랴,
영영 잊는다 한들 어떠랴, 바람이여,
이제 나는 일어설 수 있는데
이제 나는 떠날 수 있는데.
해가 진들, 시간이 멈춘들 어떠랴, 강물이여,
이제 나는 흘러갈 수 있는데
이제 나는 머물지 않을 수 있는데!

차 례

시인의 말

제1부 떠나가는 마음

죽음을 위해 13
죽음에게 14
고향으로 가는 길 15
희망의 새 16
머무르지 않음 17
너를 보낸다 18
죽음 앞에서 20
떠나가는 마음 21
눈이 하는 말 22
청산 어귀에 남기고 가오 23
돌아오지 않는 강 24
풀꽃의 혼 26
희망을 위해 27
오고 감 28
저 빛나는 새들 29
무소의 뿔처럼 30
놓으라네 32

2부 꿈꾸는 이에게 하는 말

살아 있는 힘 35
길 떠나가기 37
꿈꾸는 이에게 하는 말 38
그리운 풍경 뒤 39
잠 깨우기 40
우리가 꾸는 꿈 41
누구에겐가 바람이 43
사랑의 이름으로 45
만남 47
시에게 48
두려움 49
인연 51
불구부정 52
욕망에게 53
흐름을 위해 54
강을 건너며 55
중미산의 눈꽃 57
시냇물 소리에 눈물이 있어 59
유명산을 오르며 61
길 없는 길 62
풀꽃 무정 63
환생 64

3부 낙양에서 오는 배

천리향 67
낙양에서 오는 배 68
장효의 슬픔 69
가인과 나 71
가인의 꿈 72
처용가 1 73
처용가 2 74
꿈 75
환희 76
눈물 77
물의 사람 78
약속 79
적막 81
용서 1 82
용서 2 83
용서 3 84
비 85
새 87
장자의 숲 89
바다여, 바다여 90
하롱베이 91
진혼곡 1 92
어머니의 바다 93

4부 어쩔 수 없음

엽서 97
편지 99
떠난 뒤 바람 101
이렇게 와 계심 102
오늘도 사랑은 103
어쩔 수 없음 104
허공 가득 105
고요의 자취 107
엽서 2 108
마지막 편지 109
편지 1 110
편지 2 112
편지 3 113
편지 4 114
편지 5 115
편지 6 116
편지 7 117
편지 8 118
편지 9 119
편지 10 121
편지 11 123
편지 12 124
편지 13 125

■해설 / 머물지 않고 사라지지 않을 '시詩' · 유성호 126

1부
떠나가는 마음

죽음을 위해

새벽에도 한밤에도
불쑥 그대를 만난다.
밤 깊은 중미산 마루
안개등을 켜고 황급히 속도를 줄일 때
가슴 졸이듯 마주치는 그대,
온통 내장을 쏟아 놓고
평온히 누운
고라니, 고양이, 비설 위에
아름다움처럼 고요히 그대는 서 있고
덧없이 단풍은 진다.
마주치는 것이 어찌 그때뿐이랴,
그대는 늘 담담히 서서
문득 그리움처럼 눈빛 서늘하게
우리 고개를 들게 하느니,
우리 언제 저 꼬리 탐스러운 비설처럼
온통 번뇌를 쏟아 내놓고 누워
안개등 켜고 달리는 이들에게
이제 그만
기쁨과 슬픔을 그치라고
고요히 그대 침묵을 전하리.

죽음에게

참 위대하구나, 죽음이여
그대는 사람들을 문득 풀어
한 자리에 모이게 하고 그 취한 눈을 뜨게 하여
짧은 양초 위에 춤추는 삶의
무지갯빛 아름다움을 찬탄케 하느니
불타오르는 육신의 불길 아래
우리 사랑이 울부짖는 허공을 넘어
노래 한마디, 애도 속에
미움과 하나 되어 서로 부둥켜안게 하는구나.
참 위대하구나, 죽음이여
그대는 본래 덧없는 것들의 덧없음을
발가벗겨 순연히 드러나게 하고
장엄한 아름다움으로 스스로를 불태우게 하느니
그 뜨거움 황홀히 바라보는 사람들이
맑은 시선 속에 하나 되어
헤어짐의 길 끝에서 꽃 피우게 하는구나.

고향으로 가는 길

슬픔으로 가도 길은 없다.
우울에도 절망에도 기쁨에도 발광에도
길은 없다, 병에 들어도.
길을 찾지 못한 잠시의 머뭇거림만 있을 뿐,
돌아 나와 다시 마주하는 길 없음의
하얀 절벽, 사막들,
'친구여, 나는 길을 잃었다네.'
더 좋은 집, 차, 여자들, 육신으로 가는 길
거기에서 나와 강을 건넜을 때 폭설이 내리고
헛바퀴 돌며 길은 신화 속으로 사라졌다.
표지판이 없잖아, 히말라야 눈 속 깊이 묻혀
싸늘한 밤하늘 빛나는 별빛 아래
혼수에 빠진 입으로 누가 말했다.
'길은 네 안에 있어, 밖을 보지 마.'
무심히 내리는 눈발 속에서
신화 속의 남자가 눈을 감은 채 외치고
클랙슨 소리 번쩍이는 빙판 고속도로
우리는 길을 위해 표지판을 버려야 했다.

희망의 새

앞산에 세워둔 나무 한 그루까지 모두
뽑혀버렸다네. 아아, 이제 나는 희망을 노래할 수
있겠구나. 검은 입을 닫고 눈물 속에 흐르는
칠현금을 그대 늑막에 올올이
타주리라. 태풍이 지나간 자리에 풀 한 포기 나 있지
않구나. 아아, 이제 나는 희망을 노래할 수
있겠구나. 눈물 그친 선선한 바람 속에서
그대를 위해 은빛 희망의 새를
그려 주리라.

머무르지 않음

그래 어떠랴, 저 비 오는 안개 속에
속 깊이 푸르른 나무들
저 홀로 고요한들.
보는 이 아무도 없어 외로움인들 어떠랴,
아름다움이 저 홀로 빛난들
그래서 허무함인들 어떠랴, 그래, 어떠랴,
새로운 시간을 위해
시간을 버리며 휘저으며 떠나간 사람들
다시는 오지 않은들 어떠랴,
영영 잊는다 한들 어떠랴, 바람이여,
이제 나는 일어설 수 있는데
이제 나는 떠날 수 있는데.
해가 진들, 시간이 멈춘들 어떠랴, 강물이여,
이제 나는 흘러갈 수 있는데
이제 나는 머물지 않을 수 있는데!

너를 보낸다

계절이 새들을 날려 보내듯 그렇게 너를 보낸다.
떠남은 남아 있는 것들의 모든 희망이기에
떨리는 손 입김에 불며 싸늘한 아침 이렇게 너를 보낸다.

한번쯤 날아가던 것들 모두 땅에 떨어져
 웅덩이에 부리를 박고 낡은 일상이 되어 가쁜 숨을 몰아쉬듯
 언제나 퇴색했던 우리의 기대, 희망, 은빛 날개들,

잡는 것보다 풀어주는 것이 더 큰 힘이기에
빈 마음 홀로 서 있기 위해
그리 곱던 너를 보낸다.

잿빛 웅덩이에 흩어지던 새들이
한 순간 갈대 사이로 몸부림치며 솟구치듯이
다시 한 번 사랑이 크나큰 날개를 휘저으며 날아와
절망 사이로 푸른 하늘을 열어보이듯이

'아아, 나는 그렇게 살고 싶다.'

아직은 떠날 수 있기에 아직은 눈빛 고운
나의 마지막 아름다움이여!
저 물빛 새들이 허공에 생채기를 남기며 떠나가듯이
그렇게 너를 보낸다, 사랑이여!

죽음 앞에서
— 병실에서

그대를 위해 언제
나 울어본 적이 있던가,
저녁 비에 고개 숙인 가로등 사이로
번쩍이는 눈물처럼 아스팔트는 젖어
몸부림치듯 해가 지고 덧없이 종이 울린다.
하늘 높이 잎사귀를 매단 채 나무들은 못 박히고
그러나 철없이 재재거리던 새들도 이제는 안다
그대 떠날 수 없음을.
도시에 갇혀 차창에 갇혀 푸른 강이 흘러도
다시는 아름다움일 수 없는 그대
다시는 용기일 수 없는, 분노일 수 없는 그대를 보며
나 언제 눈물 흘려본 적이 있던가.
다가올 죽음을 향해 눈을 감고
죽어가는 자를 위해 이렇게 문병을 와도
다시는 빛날 수 없는 그대를 위해
떠남을 준비하면서도
나는 울 수가 없다.

떠나가는 마음

두고 갈 이 없건마는 이리도 슬프다.
두고 갈 수 있는 이 없건마는
이리도 애달프다.
버릴 수 있는 이도,
헤어질 수 있는 이도 없건마는
육신 타오르는 연기 한 자락에
이리도 눈물겹다.
간다 해도 다시 만나련마는,
밀치고 돌아 떠나도
아니 오는 이 없건마는
두고 가는 마음이 이리도 힘겹다
떠나가는 마음이 이리도 모질다.

눈이 하는 말

중미산에 내리는 눈은
두고 죽기에는 너무 아깝다.
막막한 하늘이 깨어져
부서져 내리는 눈은
허공도 본래 있지 않음을
말하려는 듯하다.
중미산에 피는 눈꽃은
그냥 두고 떠나기에는 너무 눈부시다.
허공 가득히
찬란하게 빛나는 눈꽃들은
죽음의 어둔 하늘에서
머리를 돌려
죽음도 본래 있지 않음을
말하려는 듯하다.

청산 어귀에 남기고 가오

잠시 머물러 주는
그대 따사로움을 알지는 못해도
노을 지는 이 강을 넘은 뒤
물결 위에 홀로 서는
초라한 떨림을 알기는 하지.
그대여, 떠나야 한다면
눈꽃 같은 초연함으로 가야 한다면
안쓰러운 눈빛일랑 두고 가오.
언젠가는 그대 찾아 갈
청산 어귀에 남기고 가오.

돌아오지 않는 강

강으로 가란다.
불빛들 하염없이 수면에 깨어지는
잊어버림의 물살들 돌아오지 않는
강으로 가란다.

잊히지 말고
너만 혼자 서럽게
잊히지 말고
객주마다 불빛 소란스러운 강에서
잊으란다. 네가 잊으란다.

얼마나 잊어야
찬연한 빔이 되는지
아무도 모를 길을 왜 가라는지
투정하듯 사람들은 다투어 길을 떠나고
더는 슬픔이 싫어 일어서는 기억들만이
강으로 가란다, 강으로 가란다.

잊혀짐의 물살
죽어 돌아오지 않는 강으로
가란다.
다시는 돌아오지 말란다.

풀꽃의 혼

가난하여
더 이상 가난할 수 없이
마음이 가난하여
흙 밭에 얼어 죽어가는
풀꽃에 이마를 묻고
내 혼을 얹었습니다.
산천 어디에 나를 내려놓을 줄 몰라
그대를 향해 울부짖는
내 울음을 풀꽃 하나에
내려놓았습니다.
부처는 눈물이 없어서
부처의 손은
눈물로 적실 데가 없어서
부처에게 가기 전에
그냥 풀꽃 하나에 머물었습니다.
내 가난에도 머물지 못하고
내 슬픔에도 머물지 못하고
허공 속으로 혼곤히 피어나는
풀꽃의 죽음에 잠시 머물었습니다.

희망을 위해

언젠가 나 그대를 위해 노래할 때
잿빛 구름 사이로 떠도는 저 새들도
날개를 접고 들판에 그림자 쓸어내리며
허기 그쳤으면 좋겠네. 바람이 싫어
허리를 흔들며 떠나만 가던 저 강물도
이제는 돌아와 외딴 생각들 사이로 멈추었으면
좋겠네. 고칠 수 없는 버릇인 듯 아직도 두 발 내리지 않고
날갯짓하며 허공 맴도는 내 망설임들도 머뭇거림도
이제는 그만 아침 배를 띄웠으면
좋겠네. 돌아오지 않을 기억들처럼 서글프고 부끄러워
전선에 줄지어 비를 맞고 있는 외로움들을
이제는 책갈피 속에 넣어 그만 닫았으면
좋겠네. 언젠가 주저앉은 저 강이 수많은 다리로 일어설 때
하늘은 빛나고, 붕붕 배들은 떠나고, 활기차게
아아, 모든 소리들, 때 묻은 지붕들
불꽃처럼 활활 날면 좋겠네, 좋겠네.

오고 감

오늘 오는 모든 이는
떠나갈 손님
안개 속 꽃들이
눈물처럼 피어 있어도
잡지 않으리.
오늘 피어나는 설렘은
떠나가야 할 고운 손님
반딧불 같은 별빛에 몸이 시려도
잡지 않으리,
결코 안지 않으리.

저 빛나는 새들

지천에 널린 것이
어디 죽음뿐이랴,
가을비에 젖은 나뭇잎들이
연못 위나 개울 위에
핏빛 손자국처럼 여기 저기 떠다닐 때,
사라져가는 껍데기들을 위해
우뚝 우뚝 솟은 낟가리 위에
장엄한 서리를 얹어
다시 빛남을 찬란히 약속하느니, 시간이여!
가슴을 걷어차는 발길로
온 산 나무들을 다 흔든다 해도
우리는 그 불 같은 상처 쓰러지지 않으리니.
지천에 널린 것이 어디
슬픔뿐이랴,
서리 속에 하얗게 죽어가는
무 배추들 너머 한순간 황혼 속을 날아가는
저 빛나는 새들!

무소의 뿔처럼

서둘러 가야 한다.
물결무늬를 긋는 기러기들이 벌써
강에 닿았을지도 모른다.
날카로운 주둥이를 세우고
어둠 속에 그들은 해묵은 약속을
쪼아댈지도 모른다.

서둘러 가야 한다.
홀연히 잎사귀 끝에 서 있는 두려움
그 보다 먼저 가서
낡은 죽음을 석양에 묻어야 한다.

시간이 끝나감을
알리지 않고 취해 있는 교활한 주막
불가의 아늑한 절망을 벗어나
서둘러 가야 한다.

이제는 정말 안 된다고 발을 잡는
끈질긴 절망
그 보다 먼저 도착하기 위해

폭풍우처럼
서슬 푸르게 가야 한다.
빛나는 이마 세우고 홀로 가야 한다,
무소의 뿔처럼.

놓으라네

그리움은 말하네
흘러가라고.
아름다움에 머물지 말고
두 손 놓아 저 진흙 사이로
서슴없이 흘러가라고
외로움은 말하네,
빛나라고, 절망에 머물지 말고
온 몸 놓아 서늘히
푸르른 느티나무들 사이로
당당히 빛나라고.

2부
꿈꾸는 이에게 하는 말

살아 있는 힘

우리들이 살아 있는 것은
저 마을 저녁 불빛이
아직 따뜻한 굴뚝 연기 사이로
보이기 때문이다.

우리들이 살아 있는 것은
아직은 지키기 어려운 약속을
지키고 있기 때문이다.

우리들이 살아 있는 것은
갈 데 없는 고라니 토끼 고양이들이
우리집 뒤뜰에 내 놓은 궂은 저녁을
아직은 먹으러 오기 때문이다.

우리들이 살아 있는 것은
눈 깊은 산골짜기에
얼어붙은 물줄기가

아직은 푸르르기 때문이다.

우리들이 살아가는 것은
아아, 그대여
그대가 살아 있기 때문이다.
모두의 이름으로 그대가
어디에나 살아 있기 때문이다.

길 떠나가기

돌아갈 수 없는 길이라면
오지 말 걸 하고
후회한 적도 있습니다.
끝까지 갈 수 없는 길이라면
출발하지도 말 걸 하고
의심한 적도 있습니다.
그러나 후회도 의심도
바꾸어놓을 수 없는 것은
이 길은 누구라도 언젠가는
가지 않을 수 없다는 것,
누구라도 언젠가는
완성하지 않을 수 없다는 것,
이 길은.

꿈꾸는 이에게 하는 말

달빛과 대 숲 사이 맑은 물을
더 맑히며 흘러가는 저 長江을
그대 돌이킬 수 있는가
돌이킬 수 있는가, 장강을
역사 속에 처연히 흐르는
인간들의 능욕을 씻어낼 수 있는가
청정함을 꿈꾸는 이여,
장강을 돌이킬 수 없다면
그대 안으로 흘러가
그대 한 몸 쌓아온 더러움을 씻어
사랑의 이름으로
그대가 뿌린 능욕을 씻어
그대가 더럽힌 허공을
그대가 더럽힌 사람들을
저 장강의 대 숲, 달빛 속으로
흘려 흘려보낸들 어떠하리.

그리운 풍경 뒤

강을 건너고서야 알았습니다.
창창히 뻗쳐오른 아파트, 백화점들이
얼마나 위세당당 드높은가를.
버리고 떠나 온 뒤에야 알았습니다.
다시는 돌아갈 수 없을 듯
강폭이 넓어진 뒤에야
알았습니다.

그러나 또 알았습니다.
석양머리에 서서
울고 있는 물새 한 마리
어둠에 묻히면
중미산 풀꽃들이 설레듯
고요한 빛 가득히 피어남을
강을 건너고 나서야
눈이 맑아져서야 알았습니다.

잠 깨우기

깨워야지
흔들어 깨워야지.
일어나지 못해
하염없이 달빛 소리만 듣고 있는
얼굴 노란 달맞이꽃처럼
날아가지 못해
미끈미끈한 돌이끼 사이로
몸만 부비고 있는 물고기처럼
갇히고, 묶이고, 숨 막혀 발버둥치는
너의 꿈을, 사랑을 깨워야지
흔들어 깨워야지.
부대끼고 거꾸러지고 솟구치고 용솟음치는
욕망의 언어로
칼날처럼 베고 쑤시고 파고드는 바람의 숙어로
뚝 뚝 피 흘리며 신음하는 절망의 문법으로
장엄하게 솟아오르는 절벽들도
아름답게 버티고 서 있는 바위들도
깨우리라, 혼 맑게 비상하는
찬란한 육신이여, 젊은 빛들이여!

우리가 꾸는 꿈

철새들이 돌아와 있다,
긴 긴 겨울 바다 비오는 수평선처럼.

마을에 켜진 작은 불빛들,
사랑은 찾아와 정박해 있는데
왜 우리는 꿈을 꾸어야 하는가.

폭풍우 속에서
비 그친 뒤 다가올 황혼을 내다보며
손을 잡은 사람들이 얼핏
해풍 속에 흔들린다.

'서로 믿지 못하는 만큼 떠나겠지, 그들은!'

정박해 있어도 아직은 사랑이 보이지 않고
어둠에 걸려 뒤척이는 새들 곁에서
고통스럽게 우리는 꿈을 꾼다.

어디로 떠나야 하느냐고 묻는
뱃고동 소리가 붕붕 귓전에 슬픔을 열어 놓는다.

사랑은 와 있는데, 잠자리에서
등을 돌리며 왜 우리는 꿈을 꾸는가.

내년 겨울을 위해 날개를 펴는 철새들처럼
떠나기 위해,
다른 하늘을 위해 우리는
꿈을 꾸는가 보다.

누구에겐가 바람이

누구에겐가 지금
바람이 불어오고 있다.
산새 알처럼 잠든 아이들 새벽 너머
덮쳐오는 폭풍처럼
시퍼런 칼날을 갈며
누군가 그대 죄 속으로 숨어들고 있다.
오랜 어리석음이 찢기고 있다.

누구에겐가 지금
바람이 불어오고 있다.
돌아선 친구들
술 취한 밤길에 소리쳐 메아리 없고
아아, 무심코 쏜 어제 화살들이
이를 갈며 날아오고 있다.

누구에겐가 지금
바람이 불어오고 있다.

안개 같은 기억 속에 뿌린 씨앗들이
피를 부르며, 피를 토하며
허황하게 날리고 있다.
홀로 가라앉는 그대 눈물 앞에.

누구에겐가 지금
바람이 불어오고 있다.
잠든 채, 술 취한 채
눈감고 있던 그대 비틀거림 앞에
칼바람이 불고 있다.
한치 앞도 안 보이는 안개 더미를 자를
청풍이 불고 있다.

가혹하게, 가차 없이
눈을 떠라, 그대여!
누구에겐가 지금 이 벼랑 끝
마지막 바람이 불어오고 있다.

사랑의 이름으로

사랑의 이름으로
사랑의 묘비명을 세우지 말라.
그렇게 하지 말라.

사랑한다면,
하고 싶은 모든 것을 버리고,
버려라 포기하라.
사랑의 어떤 이름으로도
사랑의 한 자락도 강요하지 말라.

버려라, 버려버려라
네 사랑을 버리고
네 사랑으로 얻어야 할 것들을 버리고
사랑을 해야 할 모든 것을 버리고
그냥 사랑으로 살아 있으라.

살아 있으라.

사랑을 위해서도 아니고
사랑 속에서 어쩔 수 없이
그냥 어쩔 수 없이 견디듯이
그렇게 묻지 말고
그냥 사랑 속에 남아 있으라.

만남

아무리 돌아가려 해도
그대를 피해 갈 수는 없다.
그대는 넘어설 수 없는 산
건너갈 수 없는 강
그대를 두고는
아무 데로도 갈 수가 없다.
돌아 갈 수 없다.
그만 둘 수 없다.
도망칠 수도 없다.
그대를 넘어 가야 한다.
온 몸과 마음을 다해
그대와 만나야 한다.
오로지 그대만을 향해
털끝 하나 흔들림 없이
숨김없이 열려 있어야 한다.

시에게

가야 할 곳이 있다면
날아가거라.
가벼이 허공을 나는
민들레 꽃씨처럼.
머물 곳이 있다면
머물어라.
아무도 부르지 않는 가벼움으로.
부르는 곳이 있다면
달려가거라.
칼날에도 발톱에도
몸을 사리지 않는
맹수처럼, 바람처럼.

두려움

어깨가 결린다.
두려움은 음흉하게 안개 속에
눈을 가린다. 보이지 않는다.
어깨가 결린다.
두려움이 무서움이 된다.
등 뒤 문이 밀리며 허망하게
나뒹굴러진 어린 시절
밑바닥 없는 무서움이 자라 오른다.
어깨가 결린다.
날개 부러진 나뭇가지처럼
밑동부터 잘려나가는 꿈,
발바닥 밑이 허물어지는 꿈을 꾼다.
나는 아무 데에도 없고
남아 있는 이도 없고
어둠만이 아가리를 벌린 꿈을 꾼다.
어깨가 결린다.
너를 자른 만큼

내가 잘리는 꿈을 꾼다.
아직도 어깨가 결린다.
두려운 것은 지금
두려운 일을 하고 있기 때문이다.

인연

흰 서리 틈에 피어난
붉은 꽃송이 같은
너로 인해
깊게 잠들어 있던
내 피는 소스라치게 흔들린다.
아아, 아득한 세월로부터
심연 깊숙이
뜨겁게 파동쳐 온
내 붉은 피가 있었기에
너는 그리도 창백한
서리 틈에 떠올라
점점이
붉은 피를 흩뿌리고 있는가!

그리도 곱게
네가 있기에
내 흔들림은 있고,
내 흔들림이 있기에
다시 차마 떨치지 못할
너의 곱디고움이여!

불구부정

시골 텃밭의 상추, 열무들이
빗방울 속에 이리도
푸르르게 눈부신 것은
백화점 야채 칸에
비닐로 염을 한 채 누워 있는
야채들처럼
제 몸매를 자랑하지 않기 때문이리.
뒷밭에 갈라진 토마토가
비 개인 하늘처럼 스르르
입 안에서 녹는 것은
전신을 농약에 바르고
성형수술을 한 과일처럼
저를 고치지 않기 때문이리.
심지도 않았는데
혼자 돋아나는 돌미나리 향내가
이리도 눈부시게 퍼지는 것은
깨끗함만을 골라서 자라지
않기 때문이리라.

욕망에게

우뚝 눈 덮인 히말라야처럼
발가벗은 네 앞에서
한낱 풀꽃인양 나는 떨고 있다.
욕망이여, 너는 얼마나 위대한지
살아 있는 자의 안간힘을
이렇게 한순간 무릎 꿇게 하는가!

입 안 가득히
달콤한 너의 쓰라림을 삼키면서
나는 울고 있다.
가져도 가져도 애타는
신비로운 너의 빛남 앞에서.

허물어져도 식을 줄 모르는
뜨거운 용솟음이여,
얼마나 너는 위대한지
우뚝 발가벗은 채 발기하는
네 아름다움 앞에서
한낱 눈꽃인양 내 눈은 타고 있다.

흐름을 위해

어차피 흘러가는 것이라면
그대 온 몸으로 버틴다 해도
흘러가는 것을 막을 수는 없으리.

어차피 막을 수 없는 것이라면
그대 온 몸으로 슬퍼한다 해도
흘러가는 것들의 눈빛 즐거운 즐거움 또한
막을 수는 없으리.

그러나 즐거워하는 것들이 아무리 즐거움에 겨워도
흘러감의 밑바닥에서 피어오르는
저 속 깊은 고요를 어쩌지는 못하리.

그러니 두어라, 그대여, 내버려두어라.
흘러가는 물결이 저 고요한 석양 속에서
황홀히 꽃 필 때까지.

강을 건너며

강으로 내려 온 지는 오래다.
생각에 묻혀 우울한 어둠 속에 젖어 있다가
저녁노을 사이로 가로등이 하나 둘씩
켜질 때 머리를 들듯 비로소 깨닫는다.

강으로 가야지, 누군가 강 저편에서 소리치고
나는 그가 떠나고 싶어하는 것을 안다.

더 이상 꿈에 매달릴 수 없을 때 그는
슬픔을 가득 삼키고 어둡게 출렁이는
강을 건너리라.

그러나 야수처럼 비늘을 번쩍이며 누워 있는
강을 보지는 못하리라
그는 꿈을 믿지 않기에.

새벽을 향해 배들은 수척한 돛을 올리고

강을 위해 그대 아무 것도 할 수 없음을 깨달을 때
물결은 그 아름다운 몸을 꺾기 시작하겠지.

그때 생각해보라,
언제부터 그대 강둑에서
튼튼히 천막을 치기 시작했는지를.
물 속에 머리를 박은 불빛처럼
상처 속에서도 사람들은 함께 빛나고

이미 강에 들어선 이들은
다시는
꿈을 꾸지 않는다.

중미산의 눈꽃

눈이 오면 우리는 중미산에 갇힌다.

갇히는 것이 어디 사람뿐이랴.
새들도 눈 가득한 산 속 굶주림에 갇혀
날아오르는 대신 외로운 발자국만 찍고 있다.

그러나 새를 가두는 것은 눈만이 아니리라.
전선주 가득히 굶주린 검은 새들은 몰려다니며
폭도처럼 들판을 습격하고
거센 날갯짓으로 탐욕스러운 눈빛에 갇힌다.

갇히는 것이 어디 그들뿐이랴.
창고 가득히 먹을 것을 쌓아 놓고도 우리는
날마다 답답함에 갇힌다.

강 건너 분주함에 갇힌 이들은
산 속 깊이 빛나는 눈꽃들을 향해 꿈을 꾸고

더 깊은 고요함을 향해 우리는 꿈을 꾼다.

날마다 떠나면서도 우리가 갇히는 것은 아마도
꿈을 꾸기 때문이리라.

시냇물 소리에 눈물이 있어

가을
바람 그친 하늘만이 푸르릅니다.
산들은 말없이 붉고, 떠남의 서늘함보다
남아 있음의 외로움이 깊어서 단풍은
저리 오래 아름다움에 머무르나 봅니다.

이제 자신을 사랑하려는 사람들은
헐벗은 나무가 되어
절벽을 딛고 푸른 허공 끝에 섭니다.

말은 묵언보다 용감하고
묵언은 말보다 거룩하기에

활강처럼 휘어져 나뭇잎
눈송이처럼 날리는 계곡을 향해
몸을 날려 바람은 소리 내며 떠나는지요.

저 아래 어디선가 귀 기울이면
시냇물 소리에 눈물이 있어
누군가를 위해 허리를 굽히는 사람들은
두 손을 담굽니다.

따뜻한 연기에 굴뚝을 세우고
그들은 아마 아름다움보다
더 깊은 계절로 들어가나 봅니다.

유명산을 오르며

산을 오르면
그냥 경치이던 것들이 모두 땀이 된다.
주저앉고 싶은 생각을 놓는 만큼 몸을 밀며
가파른 계곡에 들어서면 어느새 바람이 쉬어가라고
전등불처럼 환한 단풍 아래 바위를 널찍이 펴놓는다.
푸른 이끼가 온통 내보이는 고인 물 속에
보석같이 흩뿌려진 붉은 단풍잎들,
더 오르기 싫다. 생각을 떨치고 발을 움직여야지,
완성을 향해 다시 몸을 밀면
완성은 무슨 완성, 욕심을 버리고 바로 보라고
잔가지 몇 개가 땀에 젖은 눈가를 스쳐온다.
귓전을 차갑게 때리는 물소리에 그예 멈추어
사과를 물어뜯는다. 정상이 있을까, 버릇처럼
의심이 들고 그래도 한번은 밀어붙여보자고
숨을 몰아쉬며 떡 버틴 바위들을 밀며 밀며 올라선다.
드디어 갑자기 푸르른 하늘 맑은 바람,
정상에 우뚝 홀로 서면
젖은 옷처럼 달라붙는 번뇌를 떨쳐버리고
거기서부터는 내려오는 길 밖에는 없다.

길 없는 길

산이 나를 잡는 것도 아니련만
밤 내 걸어도 밤 내 걸어도
산을 넘지는 못한다.

어둠이 나를 막는 것도 아니련만
밤 내 건너도 밤 내 건너도
눈앞의 개울을 건너지 못한다.

길이 없으면, 그대여
산을 두고 떠나는 길이 없으면
가을이 아무리 깊어도
고운 단풍 속에
깊은 하늘이 되지는 못한다.

그대가 길이라고 이름 붙인
길을 버리는 길이 없으면
눈꽃들 아무리 온 산에 찬란해도
수정 같이 맑은
허공이 되지는 못한다.

풀꽃 무정

시간이라고 한다.
영원이라고 한다.
허공 가득히 빛나는
오색찬연한 무지개
꿈을 깨는 전율이라고 한다.
아니다. 그런 것은 없다.
풀꽃이여,
빛바랜 다섯 이파리
먼지 덮인 줄기에 처박고
혼자 앓고 있는
짓밟힌 풀꽃이여!
고개를 들지 않으면
짓밟힌 꿈을 깨지 않으면
그 가녀린 낯빛에
환히 웃음을 피지 않으면
사랑이란 없다.
영원도 없다.

환생

수십 년을 그렇게 말없이
이파리를 떨구는 나무들을 보면
나도 그렇게 허물을 벗고 싶다.

어느 벌새의 부끄러운 꿈인 듯
이파리 속을 이파리 속을
붕붕 날아다니는 바람을 보면
나도 그렇게 떠나고 싶어진다.
달리고 싶어진다.

저녁마다 허공을 흔드는 갈대처럼
꿈꾸는 들판에 홀로 홀로 서는
나무들, 그 푸르른 설렘을 보면,
나도 그렇게 깨어나고 싶어진다.

수천 년 긴긴 꿈의 환생을 접고
맑은 시선으로 저 멀리
저 멀리 다시 태어나는 지평선처럼.

3부
낙양에서 오는 배

천리향

천리를 가려는 자여,
천리 길 끝에서 피어나는
천리향을 맡으려는가?
그대 발로 간다면
만리를 간다 해도 그대
천리 끝을 가지는 못하리.
천리를 가려는 자여,
천리 하늘 밑에 산다는
천관조의 노래를 들으려는가?
그렇다면 그대
여기 발 묶인 사람들을
풀어 주며 가야 하리
천리 밖에서 쉬고 있는
눈부신 부처의 발로 가야 하리!

낙양에서 오는 배

내 안에 슬픔이 있어
그대 고단함 그리 사무친 줄 몰랐었네.
낙양에서 오는 배여, 지금 그대가
가득 짐을 싣고 누엿누엿 황혼을 지난다면
내 작은 창문을 열어
긴 긴 강물에 흐르는 배 그림자를
놓치지 않고 볼 수도 있으련만.
키 큰 사공은 장대로 강물을 휘저어
어둠 속으로 흘러가려니
재빨리 스쳐 지나가는 그대에게
나 어떻게 큰소리로 이 술 한 잔을 권하리.
사공이여, 놓아두어도 밤은 깊어가리니
그대와 나 서로 비껴가는 이 한 순간에
청아한 노래 한 수로 저 달빛을 잡아 보려는가.
짙은 구레나룻 웃음을 날리며
사공은 멀어져가고
잠시 머문 순간에 달빛이 맴돌며
나 홀로 서 있는 싸늘한 적적함이여!

장효의 슬픔

천하의 명장 장효는
현란한 슬픔을 끊어내어
허공에 붓을 휘갈겨
아궁이에 불을 피워
화덕에서
도자기를 건져올렸다.

그리고는 대나무와 대나무 사이에
긴 줄을 걸치고 활시위처럼
몇 음을 퉁겨 올렸다.

장효여, 묻노니
흘러가는 시간의 강물 위에
그대의 슬픔은 혼자만의
사치스러운 꿈은 아니었는지.

이제
꿈 밖에서 울고 있는 이들을 위해

가야금 열두 줄을 날카롭게 끊고
그대 목 쉰 소리로
삶을 노래하지 않으려는가!

가인과 나

물이 되면 어느새 내 곁에 강이 되어
빛나는 그대 웃음, 사랑보다 먼저 와 있네.

물이 되어 흐르면 어느 새 별이 되어
저만치서 빛나고 있는 그대의 꿈,
歌人의 노래보다 먼저 흐르고 있네.

오늘 밤 나 그대의 꿈이 되고저,
빙벽 이만치서 몸을 떨고 있는 그대의
그 깊은 가난이 되고저,

歌人의 노래는 홀로 쓸쓸히 허공을 울리고

검은 물새들 추운 밤하늘 깊이
별들은 자꾸 누군가의 꿈으로 흘러드는데
어느새 다가오는 그대 뜨거운 눈빛
새벽보다 먼저 깨어나네.

가인의 꿈

듣는 이 없어
울고 있는 노래를 가는 길에 만났다네.
두 귀를 떼어 건네주었더니
노래는 문득 눈물 속에 일어서서
쓸쓸하던 허공을 청아하게 울려 퍼지네.

기다림에 지쳐 울고 있는 슬픔을
흘러가는 길에 만났다네.
두 손을 놓고 가벼이 떠나가는 발을
물결 위에 그려주었더니
슬픔은 문득 붉은 노을이 되어
빈 몸을 아름답게 강 끝에서 일으키네.

사랑이면 그대여
사랑에게 그냥 보내주고
미움이면 그대여
그냥 미움에게 보내주게.

길 끝에 선 가인은 홀로 노래하네.

처용가 1

서울 밝은 달 아래
밤들이 고운 꽃들과 노니다가
중미산 안개 속 내 집 들어와
거울 보곤 놀라느니
내 가랑이 넷이어라.
둘은 내 것이건만
둘은 뉘 것이오,
본디 모두 내 것이지만
어느새 역신에게 빼앗긴 것을
어쩌리!

처용가 2

봄날 꿈속에서 만난
악귀가 길을 물어
내 허공의 입으로 노래하느니
악귀여, 그대 추한 몸이 이 허공 속에
고운 무지개 한 자락임을 아는지,
칼날 선 그대 눈빛은
돌 틈에 걸린 밤의 잎새,
산마다 울리는 폭풍우 천둥 벼락들은
활활 타오르는 그대 못 다한 사랑이려니
뜨거운 그대 피눈물, 영롱한 이슬 속에
선연히 깨어나는 노래임을
불길 속에 타고 있는 그대는 아는지!

꿈

깊은 병이었습니다.
헤어날 수 없는 열꽃이었습니다.
크나큰 상처였습니다.
그대의 손길이 아니고서는
살아 돌아올 수 있는
길이 아니었습니다.
스스로 풀어 놓은 독 때문에
스스로 날을 세운 검 때문에
혼자서는 헤칠 수 없는
가시덤불이었습니다.
그대가 아니고서는, 가까이에서
멀리에서 불러주는
그대들이 아니고서는
깨어날 수 없는 꿈이었습니다.

환희

아무것도 데려갈 수가 없다.

석양에 피어오르는
억새풀 휘날리는 적막함
찬란히 피어오르는 들녘에는.

위대하여라,
사라진 시간들이여,
사라져 머무르지 않는 시간들이여!

아름다워라,
모든 기억이 끊겨
생생한 고요함만이 홀로
빛에 휩싸인 환희여, 적멸이여!

눈물

소리로 울지 말고
가슴으로 울어라.
뜨거운 가슴으로 울지 말고
서늘한 기억으로 울어라.
하면 눈물은
그대를 빠뜨릴 강물이 되지 않고
그대를 실어 갈 뗏목이 되리니
건너 간 뒤 그대는
붉은 노을 타오르는
하늘이 되리라.

물의 사람

꿈속에 만나는
그대 얼굴은 물.
물로 된 사람이
물로 된 사람을 만나
물 속에 함께 웃고, 함께 눈물이 되네.
꿈속에 만나는
그대 눈빛은 노을 속 깊은 한숨
빛나는 육신은 강물에 저무는 밤.
홀로 스러지는 두려움에
울고 있는 그대 입은
물 속에 스러지는
물이 만든 물의
소리라네.

약속

그대보다 낮은 것이 아니라
스스로 한없이 낮아서
그대 담장을 감히
넘보지는 못했습니다.
벚꽃 가득히 쏟아지는 꽃비 속에
그대 마당은 청정한 하루
평온함이 하얀
마하새 알처럼 숨쉬고 있겠지요.

더 낮은 물소리에
마음을 씻으려
그대 집 앞을 돌아돌아 나왔습니다.
어느새 그대와 나 사이에는
무한 공간
빛 고운 저녁노을이
무지개인 듯 서려 있습니다.

언젠가는 이루어질 만남을 위해
저 물소리보다
더 낮은 곳으로 가라고
울 줄도 모르는 새들은
무심히
그렇게 노래를 합니다.

적막

불러 줄 사람
아무도 없는 곳에
호롱불을 켜고
심지를 돋우어 창 앞에 내둔다.
길이 끊긴 곳에
돌멩이 몇 개를 던지고
물살을 헤쳐 건너간다.
산중에 인적이 없다는
객중의 빈 말은 거짓이다.
산 아래 곳곳에
불이 켜 있어도
흔들리는 마음이 쉬는 곳에
땀이 식어 인적이 끊긴다.

용서 1

돌려보내신 꽃을 보고
알았습니다.
용서할 수 없는데도
용서를 바라는 것은
나를 고집하는 것임을
알았습니다.
하늘처럼 고요히
피어 있는 꽃들을 보고
알았습니다.

용서 2

용서하기 어렵다는
그대 말을 듣고
그만 울었습니다.
용서받지 못하기 때문이 아니라
용서받지 못할까가 아니라
용서하지 못할 만큼 큰
그대의 아픔 때문에 울었습니다.
아프게 할 수밖에 없었던
그 어리석음 때문에,
아프게 하지 않을 수도 있었을
그 어쩔 수 없음에
어디 하나
마음 둘 곳이 없어서 울었습니다.
용서받지 못해서가 아니라
용서해 줄 이가 없어서가 아니라
내가 용서받을
길 없어
하늘을 보며 울부짖었습니다.

용서 3

참으로 큰 사랑입니다.
용서할 이도 용서받을 이도
없는 줄 알면서도 용서를 바라는
이 부대낌이 애타게 그리는 것은
저 어둠을 다 쓸어안는 강물처럼
저 육지를 다 적시는 바다처럼
나를 향해 내가 베풀어야 할
참으로 큰 자비입니다.

비

그 때는 비가 왔었네.

검은 구름에 몰려 우리 우울한 찻집
불빛 아래 망연히 앉아 있을 때
문득 대형 화면 같은 창속에
퍼붓는 빗줄기, 폭탄에 맞은 듯 뿔뿔이 달리는 사람들이
창백한 얼굴로 다가올 때
그 때는 비가 왔었네.

누군가는 실직을 하고, 누군가는 파산을 했다는
소식에 마음이 내리 앉고
아프간 사태를 두고 뜨겁게 달구어지는 토론들,
어디에도 출구는 없고
창 밖에 나뒹구는 찢어진 우산처럼
기억을 저미는 남편의 사표, 고통, 덧없는 낭비,
바람 부는 모든 것들이 희뿌옇게 보일 때

'이대로 끝날 수는 없다,
언젠가는 반드시 돌아오리라!'

덧없는 절규가 가슴을 울리며
불빛 어른거리는 병실 복도를 퍼져갈 때,
그 한 끝에서 다가오는 붉은 꽃 한 송이
그 찬란한 아름다움이 시선을 사로잡을 때

그 때는 비가 왔었네.
하루종일 창 밖에 비가 왔었네.

새

바람 부는 곳에는
늘 강이 있다.
아아, 회오리바람 부는 곳이
나는 싫어라.

산들이 겹겹이 저를 감추는 첩첩산중
안개 자태 고운 곳에 둥지를 틀고
그림 속을 날아가는, 나는 새가 되고 싶었다.
아아, 그림자 없는 달이 되고 싶었어라.

사람들 눈물이 번져 강물이 되었노라고
누군가 죽은 이의 옷가지를 건지며 안개 속에
희미한 얼굴로 웃고 있었다.

고통은 지워야 하는 것,
보이지 않는 곳, 들리지 않는 곳을 찾아
우리는 애써 모닥불을 피운다.

가슴이 따뜻하면 등이 춥고
등이 따뜻하면 가슴이 시린 곳에서
잊는 법을 배우는 것이 사내다움이다.
술을 마시렴.

그러나 굴곡진 선들이 아련한 산 속에서도
나는 결코 새가 될 수 없었다.
산에 숨을수록 높은 발 아래 눈물진 강이 보여
나는 누군가의 고통이 될 수밖에 없으리라.

아아, 회오리바람 부는 곳,
깨어지고 떨어져 부서지는 곳,
강으로 나가는 것이 싫어도 희망은
강에만 산다고
희디흰 날개를 휘저으며 새들은 노래 부른다.

장자의 숲

삶의 쓸모없는 공간 속을 돌아다니는
나를 보고 낙오자라고 한다.
마음이 흔들릴 때마다 공간은 사라지고
찻소리 가득한 강변에 나와 빈 병을 낚는다.
아아, 장자의 숲으로 들어가
굽고 휘어진 아름드리 팽나무나 되어볼까.
햇빛 가득한 고수부지에서 침묵이 되어
한가로이 날아가는 새들을 바라보면
흔들리는 마음은 연줄을 끊은 채 날아가고
어느새 가을 코스모스들이 화사하게 나부낀다.
번쩍이는 차들처럼 맹렬히 흐르는 시간
어디에서도 만날 수 없는 그대와 만나려면
숲을 나와 저 강에 한 치의 숨김도 없이
숨겨놓은 장자의 배를 찾아야 한다.

바다여, 바다여

푸르른 수평선 저 멀리
고요히 잠복한 태풍, 폭풍우들
나 그리로 작은 배를 밀며밀며 나아가면
바다여, 검붉은 구름 사이 혀 끝 갈라지며
번갯불로 황급히 그대 외치겠지,
멈추라고, 제발 돌아가라고.
하늘 가득히 부서져 내리는 맨 바람
날카로운 울음소리 희뿌연 빗발
온통 맞으며 갑판에 서서
초라한 물새처럼 젖어 떨어도
수평선으로 나아가면 바다여,
부서지는 꽃잎처럼 찬란히 떨어지는 몸
그대 숨결 깊이 받아들이리라, 바다여.

하롱베이

신들은 그 튼튼한 허리를 굽혀
거대한 팔로 툭 툭 섬을 던져 놓았다.

코발트 빛 수면 위에 점점이
투명한 보석처럼 빛나는 외로운 섬들!

더러운 똑딱선들만 수면을 떠돌고
창조를 끝낸 신들은 이제 돌아오지 않는다.

진혼곡 1

이제 당신을 묻겠습니다, 어머니!
그리 오래 허공을 떠돌던 한을
이제는 묻어야겠습니다. 어머니!

용서할 수 없는 세월을 지나
풀꽃들은 저리도 아름답게
극락처럼 피어 있습디다.

미움의 형벌 같은 시간들을
이제는 다 떠나보내렵니다.
그래도 미련이 남아 있다면
저 무자비한 석양에
울음 붉게 씻고 가렵니다.

이제는 당신을 묻어드리겠습니다, 어머니!
그 오랜 고단함을 거두어
풀꽃 한 송이로,
풀꽃 한 송이로 환생하듯
피워드리겠습니다. 어머니!

어머니의 바다

이렇게 구름이 흘러가고 끊임없이
바닷새가 날아오르는 하늘 밑
검은 하역장과 부두를 지나
나 이제 돌아왔습니다
어머니, 당신의 검은 바다로.

웅웅 울리는 뱃고동 소리 숨가쁘게
연기를 흩뿌리고,
저녁 으스름 속에 밀고 밀리는 거대한 물결들.
번쩍이는 수평선을 침몰시키며
위대한 석양이 일어서고 있습니다.

파산당한 기억인 듯
어디론가 달리던 기차는 가쁜 숨을 몰아쉬고
비릿한 냄새와 생선 토막들을 지나
혀끝에 박힌 가시를 뱉어내며

당신에게 이르기 위해, 어머니,
우리는 불 켜진 유곽들을 통과해야 합니다.

유행가 소리, 쌈장에 풋고추가 박히고 술냄새 풍기는
외로운 허기 속에서

누군가는 눈이 멀고
누군가는 귀가 막혀 절망하는 밤을 지새며
또 다른 누군가는 맑은 눈으로 지켜보고 있을까요, 어
머니
당신이 낳고 우리가 길러 온 어둠을.

태풍이 불면 밀려 올
쓰레기 더미 같은 어린 치어들에게 속죄하며
그 누군가 기도하듯 떠돌고 있을는지요.

지치지 않는 완강함으로 짐들이 내리고 부려지는
하역장에서, 이제 석양을 향해 허리를 굽히며
파도처럼 일렁이는 당신의 검은 바다에 나는
강철이 아닌 또 다른 닻을 내립니다,
버림받아 죽어가는 모든 치어들을 위해, 어머니!

4부
어쩔 수 없음

엽서

바람이 불어서
강을 건너지는 못합니다, 오늘은
복사꽃 눈발처럼 내리는
긴긴 과수원 길 어귀에
눈물처럼 앉아 있으렵니다.

온 하늘에 눈이 내려서
산을 넘지는 못합니다, 오늘은
불빛 가득한 마당 나뭇가지에
펑펑 내리는 눈발 속에서
고요히 고요히 종 울리는
크리스마스 카드가 되렵니다.

그대 가득 차 있어서
소식을 전하지는 못합니다, 오늘은
그대 혼자 울고 있는 길목
부질없는 기억들을

쓸고 쓸어서
아무도 없이 홀로 선
빈 하늘이면
노을로 곱게 서렵니다.

편지

그동안 안녕하셨는지요.
바람결에 소식을 듣고
어찌나 기뻤는지.

저는 살아 있습니다.
썩은 시금치 꽁댕이 같은 제 목숨을
중미산 자락에 심어 놓고
남편은 날마다 물을 주고 쓰다듬고 보듬어
반딧불로 살려 내었습니다.

내가 버리면 아무 말 없이
가져다 고치고 살려놓던
남편의 궁상이 저를 못 가게
이 고운 꽃들 속에 피워 놓았습니다.

돌이켜보면 어떻게 그렇게
나만 생각하고 살았는지

어떻게 그렇게 내 생각대로만 되어야 했는지
이처럼 살아있던 것도 신기하게 느껴집니다.

언제 돌아 오느냐구요?
돌아가지는 않을 겝니다.
돌아가지 않아도 여기가 거기인 걸요.
그보다는 언제 오셔서
상추쌈, 풋고추, 열무 된장국 맛을 보시지요.

중미산 너머
총총히
비를 머금은 꽃소식이 날아갑니다.

떠난 뒤 바람
— 소식 1

나 이리 슬픈 것은
허공 멀리 빛나는 기쁨들이
손끝으로 손끝으로
반딧불처럼 웃으며 떠나기에.
잡을 길 없는 허공을 두고
마주하는 내 슬픔은 문득 고요함,
그대는 내 유일한 기쁨이려니
떠나려거든 그대여
소나기 빗줄기 속에 환히 빛나는
그대 아름다움은 남기고 가게.
풀씨처럼 가벼이
무한 허공에 그렇게 나부껴 울려 퍼지듯
빗속을 젖어 젖어
다시 오는 봄빛은 두고 가게.

이렇게 와 계심
― 소식 2

생각지도 않게 불현듯
답장을 주시는 것 늘 감사합니다.
제가 부른 거라고 눈짓을 하시며
들꽃 가득히 향내를 얹어
오늘도 빗속에
작은 풀꽃들은 속살 속살 전달합니다.
언제 오시는지
볼그레하게 봉오리를 내민
홍매화에게 물었더니
침묵일 뿐,
고요 속에
홀로 저물어가는 어둠 속에서
늘 이렇게 와 계심을
곱게 물들어가는 노을이
긴긴 몸을 누이며 눈을 뜨라고
오늘도 강물처럼 흘러갑니다.

오늘도 사랑은
— 소식 3

오늘도 싱싱하게
사랑은 복사꽃 위에 앉아 있습니다.
벌들은 때를 기다리겠지요.
무르익지 않아도 사랑인 것을
야생의 떫음도 사랑인 것을
산 속에 버려진 개복숭아는
눈치 채고 있나 봅니다.
찬란한 사랑이 오기만을 기다리며
그대는 강가에 나가 있습니다.
그대를 기다리며 사랑은
그대를 기다리며 사랑은
차오르는 물결 위에 빈 나룻배 하나
수척한 바람결에
멀리 멀리 떠나갑니다.

어쩔 수 없음
— 소식 4

어쩔 수 없는 것을
낙엽들은 울지 않으려 애쓰다가
강물에 붉은 눈물을 흘립니다.
돌아오지 않음도
어쩔 수 없는 것을
강물은 눈물을 멈추려 맑은 물을
한없이 주시합니다.
태어남도 어쩔 수 없는 것을
나무들은 여린 잎을 피우고 가시마저 돋우며
꽃들은 들판 가득히 흔들리며 기다립니다.
화사한 봄날을 뒤에 두고
어쩔 수 없는 바람은
그 가벼운 몸을 풀어 떠나 버립니다.
어쩔 수 없는 이별을
어쩔 수 없음을 그대여!
철새들은
다가오는 겨울 하늘로
고요히 날개를 펼칩니다.

허공 가득
― 소식 5

허공 가득
풀씨처럼 빛나는
그대를 보았습니다.
말은 없어도
꽃들은 외로움 멀리
화사한 얼굴을 피우고 있습니다.

밤하늘 가득
날아오르는 반딧불처럼
빛나는 그대를 보았습니다.
이제는 굳이 찾지 않아도
고요처럼 늘 거기
물빛으로 단아한 그대,
저녁노을 가득
개구리 울음소리에 훤칠한
그대 자취를 보았습니다.

이제는 눈을 돌리지 않아도
늘 이렇게 꽃비 속에 내리는
그대 고운 눈빛, 오늘도
흐르고야마는 물결에
바람결에 깊이 비칩니다.

고요의 자취
– 소식 6

어디에도 없어서
오늘은 말없는 산과 들에
밤하늘 별빛처럼 내립니다.

가야할 곳은 없습니다.
와야 할 이유도 없습니다.
그냥 늘 이 자리이지요.

맨몸으로 비 맞으며
날마다 피어 있는 꽃들
바람이 흐느껴 울어도
웃음 멀리 한숨 멀리
한껏 피어만 있는
이 자리이지요.

아름다운 그대
노을 진 뒤 어둠 속에 없어도
안개처럼 내리는 비
그대 옷자락 소식인양
새벽 별들이 자꾸만 눈을 뜹니다.

엽서 2

노래를 부르다 만
새들은 입을 다물고
있는 힘껏 피어버린 꽃들은
고개를 숙이고 있다.
겨울이 좋다고
찬바람도 좋으랴만
실컷 내린 눈이
가지 위에 조용한 아침
눈부신 햇살에
온 세상이 희디 희다.

마지막 편지

아름다운 꽃에게로 가려 하면
벌레들이 먼저 나와 있다.
스물 스물 온 구멍에서 나와
햇빛 찬란한 마당 가득 채우고
가는 길 막아 날이 저문다.
청산에 살고 있는
눈부신 이에게로 가려 하면
피 묻은 이별이
방문 밖에 먼저 나와
갈 길을 막는다.

'나에게로 오려면 벌레는, 이별은 놓아두고 오라!'

냇가에 기다리다 시든 꽃들이,
청산의 빛이
물 위에다 쓴 마지막 편지.

편지 1
— 폐문

강가에 낡은 집은 문을 닫았습니다.

붉은 석양처럼 홀로 지킨 빈 시간들,
나룻배는 이제 가야 한다고 합니다.

젖은 가랑잎처럼
지천에 깔린 두고 가신 자취들이야 어쩔 수 있나요.

물새 떼처럼 하얗게 하늘 속에 날려 두고
길을 떠납니다.
하동 포구 꽃길이 곱다기에
그처럼 고운 언덕에 서서
해지는 강폭을 바라봅니다.

푸르스름한 어둠
추운 물결 속에 섬들은 외롭고
후드득 새 한 마리 바람결에 몸부림칩니다.

이 슬픔 모두 비워져야
저 밤도 잠들겠지요.
강가에 낡은 집은 홀로
깊은 고요 속에 문을 닫았습니다.

편지 2
— 빈 아궁이

꿈결에 소식이 와서
문득 길을 멈추었습니다.

긴 물결 강 끝에 노을이 지고
햇덩이는 마지막 얼굴을 뜨거운 듯 수면에 얹었습니다.

저 가을 숲들이 일으킨 고운 빛들이
모두 물에 잠기면 끝나려는지요.

쓸쓸함은 사람들 품속을 빠져 나와
싸늘한 바람을 휩쓸고 허공을 휘이 건너갑니다.

겨울 소식이 오면
그대 가던 길도 멈추시려는지요.

식어버린 아궁이가 불을 그리며
열린 문 사이로 가물가물 날아가는 기러기가 목이 멥
니다.

편지 3
− 한낮의 꿈

나팔소리 번쩍이며 귀를 찢는 장날 저자 거리에서
처음 그대를 만났습니다.

뙤약볕에 먼지 이는 과육 사이로 파리 떼 날고
그늘 속에 한나절 시름이 졸고 있을 때

한줄기 서늘한 소나기처럼 문득
청명한 바람 속에 꿈결인 듯
그대는 하얀 미소를 띠고 서 있었지요.

수묵화 고운 부채로 입을 가리고
창백한 조각 같이 다듬어진 얼굴에 싸늘한 눈빛,

그 누가 타는 불길을 물로 끌 수 있다 했나요.
가슴 속 타오르는 열화가 인두처럼 육신을 지진다 해도
내 눈은 그대를 떨칠 수 없었습니다.

온 생애가 다 멈추어 선 그날 하루
내 혼백은 그대 옥색 도포 자락에 묻어
그대를 따라 강을 건넜습니다.

편지 4
– 눈꽃송이

하얀 복사꽃 같은
눈 꽃송이가 온 세상에 펄펄 내립니다.

문득 그리움을 전하신 지 얼마 되지 않아
시작된 일이지요.

하늘이 마음먹고
마지막 선물을 겨울 봄 속에 보내려나 봅니다.

오자마자 녹아드는 눈송이를 보며
그리움도 그리 하라고,
땅에 오는 모든 마음은 그리 하라고

연분홍 복사꽃은 몸을 흔들며
눈물처럼 긴 긴 허공을 흘러갑니다.

편지 5
― 소용돌이

어디로 가야할지 모릅니다.
미망에 빠져 말들은 슬피 울고
꿈을 깨어나지 못해 사람들은 더 슬피 웁니다.

어떻게 멈추어야 할지 모릅니다.
소용돌이에 걸려 물살은 제 자리를 돌고
빠져나오지 못해 배들은 더 몸부림을 칩니다

돌아오시려는지요. 그예 병이 깊어지셨는지요.
소식을 전할 줄 몰라 가랑잎들은 바람에 날리고
비에 젖지 못해 목마름은 더 가슴을 헤맵니다.

편지 6
― 깨어나야 할 꿈

새들은 날고 있는데
바람은 불지 않습니다.
어디서 꽃을 피워야 하는지요.

돌아오시지 않을 만큼 선뜻
부여잡지 못했음은 내게는 너무 높고 먼 그대
차마 그리 다가설 수 없어서였겠지요.

편지 7
— 투망질을 그치고

가을이 깊어 물새들이 떠나간 자리에는
빈 하늘만 남아 있습니다.

사방을 둘러보아도 인적은 없고
가득히 넘실거리는 수면에는 투망질을 그친 배들

반짝이는 은빛 물결 사이로
이제 고향으로 가는 길만이 내다보입니다.

가을이 허공 속으로 새들을 선선히 풀어 놓듯이
나도 그대를 보내야겠지요.

얼핏 흔들리는 그림자처럼
바람 부는 황혼에 간신히 일어서면

고요한 물 위에 가느스름한 나룻배 한 척
가물가물 다가오며 늙은 사공은 손짓을 합니다.

편지 8
– 마음을 내림

에돌아가는 물길 사이로
산그림자가 강물에 잠깁니다.

가을 빗줄기가 눈보라치듯 물 위에 내릴 때
강남 꽃피던 시절을 왜 아직도 품어야 하나요?

꽃가루 날리듯 저자거리에 내리던 흙먼지도
어지러운 인적에 밟히던 그림자도
아직 그리움이어야 하는지

휘황찬란한 홍남루에 불 밝힌 웃음들이
화려해 아무리 정다워도
첩첩 산 너머 불 내린 마을에 무슨 소용이 있나요.

그대를 보내듯 선뜻 꽃마저 보내면
어둠 속에 홀로 맑은 바람이 솔향기를 몰고 옵니다.

편지 9
— 귀향

하동 포구 먼 먼 강 길을 돌아와 홀로
빈 아궁이에 불을 지핍니다.
이렇게 눈물이 나는 것은 낡은 굴뚝에 연기가 새는 것도
반가워서이겠지요.

물을 길어 솥을 우려내고
향기 가득한 밥을 짓습니다.

날마다 한 숟갈씩 밥을 떼어 뒤뜰에 놓아둡니다.
얼핏 다녀가며 어둠이 되는 버려진 것들 몫이지요.

그대 오실 길에 오늘도 소식은 없어
빈 강은 고즈넉해도 강물은 유유히 흘러갑니다.

개구리 울음 소리 싸아 하게 울리는 밤,
처마 밑 풍경 소리에 혼자 웃어 봅니다.

휘영청 밝은 달빛 속에
자다가 깨어 생각해도
나는 그대를
참 잘 보냈습니다.

편지 10
― 나를 받아주소서

양수리로 왔습니다.
제 운명이 언제 끝나는지도 모르는
철새들과 함께 무지의 강을 건너
흐름을 떠나 흐름 밖에서 죽어가는 것들을
흐름 속으로 열며 왔습니다.

양수리로 왔습니다.
오래 전 문상을 왔던 자리에
이제는 나를 묻기 위해
낯선 불빛들을 따라
중미산 끝자락까지 왔습니다.

나를 받아 주소서, 중미산이여!
그대 가슴 깊이 육신을 묻어
이 헛된 이름을 잊게 하소서,
위대한 그대 골짜기에
모든 기억을 분해시켜
어두운 밤 그대 침묵을 듣게 하소서,

그리하여 산새처럼
천문대에 뜨는, 가장 멀리 뜨는 별을
맨 눈으로도 보게 하소서.

편지 11
― 슬픔이여, 그대여

슬픔을 떠나
남으로 가는 이여,
배 밑창을 적시는
이끼 푸르른 슬픔의 고운 빛에
머물지 마시게,
뱃머리에 앉아
슬픔에 넋을 잃은 그대여,
어깨 위로 떠오르는
진홍빛 석양에도
물결을 삼키는 어둠에도
머물지 마시게,
슬퍼하는 그대,
젖은 몸에도 머물지 말고
슬픔을 떠나려는
마음에도 머물지 말고
남으로 흘러가는 강물 따라
그저 흘러만 가시게.

편지 12
― 그대 그립다 하시면

그대 찾지 않으신다면
새벽 숲속 숨죽인 참새처럼
가만히 어둠 속에 머물지요.
그대 부르신다면
어느새 동트는 아침노을처럼
어디든지 선연히 눈 떠 있지요.
그대 편치 않으시다면
고운 눈짓 하나 상하지 않게
조심조심 물러나 있지요.
그대 그립다 하시면
봄꽃처럼,
남녘에서 밀려오는 꽃물결처럼
달려와 봄 뜰에 화사히 머물지요.

편지 13
― 사랑

그대를 사랑함은
그대를 사랑함이 아니라
사랑하는 그대를 어르고 보듬는,
살뜰히 우러르고 달래는 내 사랑을
사랑하는 것이었음을 몰랐습니다.

그대를 사랑함은
그대를 사랑함이 아니라
내가 그대를 사랑함이기에
그대 나를 마다함이 슬픔이 아니듯이
나를 살갑다함이 기쁨도 아니러이다.

그러나 그대여,
그대를 사랑함이
진정 나를 미워함은 아닌지
그대를 우러름이
나를 역겹다 함은 아닌지
촛불을 밝히고 촛불을 밝히고
밤 내 하늘에게 물었습니다.

■ 해설

머물지 않고 사라지지 않을 '시詩'

유 성 호
(문학평론가 · 한양대 교수)

1.

근원적으로 서정시는 진솔한 자기 고백과 자기 확인을 일차적인 창작 동기로 삼는 언어 양식이다. 따라서 그것은 철저하게 시인 스스로의 성찰과 다짐을 매개로 하여 언표된다. 그만큼 서정시의 저류底流에는 시인이 오랫동안 겪은 절실한 경험 가운데 가장 깊은 기억의 층이 녹아 있는 경우가 많다. 그 시간의 층에서 시인은 회상回想과 예기豫期를 교차적으로 치러내면서, 현실적 질서의 구축보다는 상상적 질서의 탈환 과정을 선명하게 보여주게 된다. 그래서 시인들은 단호하고 결연한 '행동'보다는, 다소 머뭇머뭇하면서 흔들리는 '꿈'의 속성에 더 친화하게 마련이다.

강경화 시집 『이제 나는 머물지 않을 수 있는데』는 이러한 서정시의 문법을 전형적으로 담고 있는 사례이다. 일차적으로 그것은 자신의 삶을 오랜 기억의 반추 속에서 성찰하는 일과, 문득 찾아온 '죽음'과 '이별'과 '떠나감'의 예감 속에서 생성된다. 그런데 시인은 현실적 행동을 통해 그것들을 극복하려 하기보다는, 상상과 꿈을 통해 그것을 수락하고 받아들이는 과정을 섬세하고 아름답게 보여준다. 그래서 모든 관계들이 원천적으로 소멸하는 '죽음'의 예감에도 불구하고, 그 관계들에 대한 지극한 '사랑'과 말할 수 없는 '그리움'의 마음을 발화하는 것이다. 말하자면 '죽음'과 '이별'과 '떠나감'을 예감한 한 시인의 육신을 관류하는 '사랑'과 '그리움'의 언어가 이번 시집의 외관이자 내질內質이 되는 셈이다.

이처럼 강경화 시인은 "그대는 늘 담담히 서서/문득 그리움처럼 눈빛 서늘하게/우리 고개를 들게 하느니"(「죽음을 위해」)라면서, '죽음'이야말로 우리의 '그리움'을 완성하는 둘도 없는 시간적 계기이며, 결국 그것은 사라지는 것이 아니라 전혀 새로운 존재로 거듭나게 하는 실존적 사건임을 역설적으로 노래한다. 그래서 '죽음'은 시인에게 새로운 존재론을 가져다주는 것이다.

> 참 위대하구나, 죽음이여
> 그대는 사람들을 문득 풀어
> 한 자리에 모이게 하고 그 취한 눈을 뜨게 하여
> 짧은 양초 위에 춤추는 삶의
> 무지갯빛 아름다움을 찬탄케 하느니
> 불타오르는 육신의 불길 아래
> 우리 사랑이 울부짖는 허공을 넘어
> 노래 한마디, 애도 속에
> 미움과 하나 되어 서로 부둥켜안게 하는구나.
> 참 위대하구나, 죽음이여
> 그대는 본래 덧없는 것들의 덧없음을
> 발가벗겨 순연히 드러나게 하고
> 장엄한 아름다움으로 스스로를 불태우게 하느니
> 그 뜨거움 황홀히 바라보는 사람들이
> 맑은 시선 속에 하나 되어
> 헤어짐의 길 끝에서 꽃 피우게 하는구나.
> ―「죽음에게」 전문

위대한 '죽음', 그것은 흩어져 있던 사람들을 한 자리에 모으고, 취기 속에서라도 "춤추는 삶"의 아름다움을 찬탄케 한다. 이러한 역리逆理는 사랑과 미움의 경계조차 허물고 서로 부둥켜안게 하는 힘을 가지고 있다. 그러니 그 위대함이란 일상적 '삶'이 가 닿을 수 있는 경지가 아니다. 하여 시인은 비록 '죽음'이 관계와 기억을 단절하는 강력하고도 근원적인 지점일지라도, 오직 '죽음'을 통해 새로운 존재론을 구성하고 있는 것이다.

시인은 한 걸음 더 나아가, '죽음'이야말로 "덧없는 것들의 덧없음"을 순연하게 드러내면서 "장엄한 아름다움"과 "뜨거움"을 보여주는 것이며, 사람들로 하여금 "헤어짐의 길" 끝에서 꽃을 피우게 하는 힘임을 역설한다. 그래서 '죽음'이 지각 가능한 관계들을 원천적으로 소멸시킨다 하더라도, '미움'과 '덧없음'과 '헤어짐'을 모두 감싸안으면서 '죽음'을 새로운 실존적 사건으로 바꾸고 있는 것이다. 그러니 "죽음도 본래 있지 않음"(「눈이 하는 말」)이라는 경지가 가능한 것이 아니겠는가.

시인의 이러한 깨달음은, 오래 전 강으로 내려와 어둠 속에서 자신도 "슬픔을 가득 삼키고 어둡게 출렁이는/강을"(「강을 건너며」) 건너갈 것임을 예감하는 과정 속에서 이미 그 징후를 보인 바 있다. 마치 박목월朴木月의 절편 「이별가離別歌」에서처럼, 삶과 죽음을 갈라놓은 강의 이편과 저편을 바라보면서, 시인은 떠나고 남는 죽음과 삶을 노래한 것이다. 이때 그 강을 건너 '환생'을 상상하는 시인의 품은 우리에게 강렬한 형이상학적 전율을 가져다준다.

> 수십 년을 그렇게 말없이
> 이파리를 떨구는 나무들을 보면
> 나도 그렇게 허물을 벗고 싶다.
> 어느 벌새의 부끄러운 꿈인 듯
> 이파리 속을 이파리 속을
> 붕붕 날아다니는 바람을 보면
> 나도 그렇게 떠나고 싶어진다.
> 달리고 싶어진다.
>
> 저녁마다 허공을 흔드는 갈대처럼
> 꿈꾸는 들판에 홀로 홀로 서는
> 나무들, 그 푸르른 설렘을 보면,
> 나도 그렇게 깨어나고 싶어진다.
> 수천 년 긴긴 꿈의 환생을 접고
> 맑은 시선으로 저 멀리
> 저 멀리 다시 태어나는 지평선처럼.

─「환생」 전문

 '죽음'의 반대편에 '환생'이 놓여 있다. 낙엽귀근落葉歸根을 반복하는 나무들처럼 시인은 자신도 "허물을 벗고" 싶고, 꿈처럼 바람처럼 "떠나고" 싶고, 갈대처럼 나무들처럼 푸른 설렘으로 "깨어나고" 싶다. 그 '허물 벗음'과 '떠남'과 '깨어남'을 통해 "수천 년 긴긴 꿈의 환생을 접고" 다시 태어나고 싶은 것이다. 마치 "맑은 시선으로/저 멀리/저 멀리 다시 태어나는 지평선처럼" 말이다. 여기서 다시 태어나고 싶어하는 시인의 소망을 매개하는 상관물들은 '나무/바람/갈대/지평선'인데, 이들은 아마도 시인의 시선과 감각이 가장 구체적으로 열려 있을 때 들어온 사물들일 것이다. 시인은 그 구체적 사물들에 의탁하여 "오랜 고단함을 거두어/풀꽃 한 송이로,/풀꽃 한 송이로 환생하듯"(「진혼곡 1」) 다시 한 번 아름답고 눈부시게 태어나는 소망을 피력하고 있다. 물론 그것은 말로 되는 것이 아니라, '나무'나 '바람'처럼 말없이 발화하는 존재자들을 통해, 그리고 일종의 '묵언默言의 언어'를 통해 유추되는 어떤 것일 뿐이다.

 보통 불가에서는 언어를 통해 진리를 계시할 수 없다고 말한다. 이는 현묘한 진리의 세계에 대한 가없는 신뢰를 표현하는 역설적 사유 방법일 것이다. 그래서 그것은, 『유마경』에서 말하는 불이법문不二法門처럼, 침묵 너머의 침묵을 통해 가 닿을 수 있을 뿐이다. 강경화 시편은 이러한 '묵언의 언어'를 통해, "길을 찾지 못한 잠시의 머뭇거림"(「고향으로 가는 길」)을 통과한 후, 진리의 세계에 들어가고 있다 할 것이다. '나무'처럼, '바람'처럼, '지평선'처럼 말이다.

2.

강경화 시인이 구성한 상상적 질서 예컨대 '꿈'과 '실재', '미움'과 '사랑', '떠남'과 '머무름' 등은 이제 한 몸으로 결합하여 움직이기 시작한다. 가령 "아직은 떠날 수 있기에 아직은 눈빛 고운/나의 마지막 아름다움"(「너를 보낸다」) 같은 구절에서는 '사랑'의 아름다움과 그것의 필연적 떠남에 대해 노래하고 있고, "간다 해도 다시 만나련마는,/밀치고 돌아 떠나도/아니 오는 이 없건마는/두고 가는 마음이 이리도 힘겹다."(「떠나가는 마음」) 같은 표현에서는 떠남과 만남을 한 사이클 안에 배치하기도 한다. 이처럼 대립적 심상들을 한 몸으로 결속하면서 시인은 '사랑'의 꿈을 꾼다.

정박해 있어도 아직은 사랑이 보이지 않고
어둠에 걸려 뒤척이는 새들 곁에서
고통스럽게 우리는 꿈을 꾼다.

어디로 떠나야 하느냐고 묻는
뱃고동 소리가 붕붕 귓전에 슬픔을 열어 놓는다.

사랑은 와 있는데, 잠자리에서
등을 돌리며 왜 우리는 꿈을 꾸는가.

내년 겨울을 위해 날개를 펴는 철새들처럼
떠나기 위해,
다른 하늘을 위해 우리는
꿈을 꾸는가 보다.

─「우리가 꾸는 꿈」 중에서

어둠 속에서 보이지 않는 '사랑'을 꿈꾸는 일은 무척 고통스럽다. 하지만 그 고통조차 없다면 우리는 '사랑'을 알 수도, 할 수도 없을 것이다. 그렇게 우리는 "겨울을 위해 날개를 펴는 철새들처럼" 떠나기 위해 꿈을 꾸는 것이니 말이다. 그러므로 우리는 '떠남'을 통해서만 진정

한 '사랑'에 도달할 수 있을 것이다. 이때 '버림'과 '삶'이 일치하고, '삶'이 곧 '사랑'이 되며, 그 '사랑'의 견인적 수락만이 우리의 '삶'이 된다. 이처럼 "그대가 아니고서는, 가까이에서/멀리에서 불러주는/그대들이 아니고서는/깨어날 수 없는 꿈"(「꿈」)을 통해 시인의 존재는 비로소 태어나게 된다.

불가에서는 이렇게 경계가 지워진 마음을 '무위심無爲心'이라고 한다. 일체의 분별이나 호불호好不好의 마음이 없어진 것을 가리키는 개념일 것이다. 어떠한 형상도 짓지 않는 이 청정한 상태가 바로 자비심을 일으키는 상태가 되는데, 이는 바로 진공묘유眞空妙有의 새로운 빛을 발할 수 있는 최적의 조건이 된다. 강경화 시인이 가 닿은 '무위심'은, 그 쓸쓸하고 고독한 외관에도 불구하고, 이렇듯 청정하고 아름다운 '사랑'의 힘에 의해 감싸여 있는 것이다.

> 버려라, 버려버려라
> 네 사랑을 버리고
> 네 사랑으로 얻어야 할 것들을 버리고
> 사랑을 해야 할 모든 것을 버리고
> 그냥 사랑으로 살아 있으라.

살아 있으라.
사랑을 위해서도 아니고
사랑 속에서 어쩔 수 없이
그냥 어쩔 수 없이 견디듯이
그렇게 묻지 말고
그냥 사랑 속에 남아 있으라.

─「사랑의 이름으로」중에서

  사랑을 버리고, 사랑으로 얻어야 할 것을 버리고, 사랑을 해야 할 모든 것을 버리는 일을 통해서만 우리는 "사랑으로 살아" 있게 된다. 그래서 시인이 그저 "살아 있으라."고 말할 때, 그것은 바로 "그냥 사랑 속에 남아 있으라."는 말과 등가를 이룬다. 결국 사랑을 견디는 일이 사랑을 누리는 일이고, 사랑의 부재는 곧 유일한 사랑의 존재 방식으로 바뀐다. 그래서 "우리들이 살아가는 것은/아아, 그대여/그대가 살아 있기 때문이다."(「살아 있는 힘」)라는 외침이나 "아름다움에 머물지 말고/두 손 놓아 저 진흙 사이로/서슴없이 흘러가라고"(「놓으라네」) 하는 역설의 권면이 한 몸으로 만날 수 있게 되는 것이다.

그래 어쩌랴, 저 비 오는 안개 속에
속 깊이 푸르른 나무들
저 홀로 고요한들.
보는 이 아무도 없어 외로움인들 어쩌랴,
아름다움이 저 홀로 빛난들
그래서 허무함인들 어쩌랴, 그래, 어쩌랴,
새로운 시간을 위해
시간을 버리며 휘저으며 떠나간 사람들
다시는 오지 않은들 어쩌랴,
영영 잊는다 한들 어쩌랴, 바람이여,
이제 나는 일어설 수 있는데
이제 나는 떠날 수 있는데.
해가 진들, 시간이 멈춘들 어쩌랴, 강물이여,
이제 나는 흘러갈 수 있는데
이제 나는 머물지 않을 수 있는데!

―「머무르지 않음」 전문

반복되는 "어쩌랴"라는 말 속에는, 그것의 견인적 수락과 함께 삶을 구성하는 여러 이원적 대립 요소들 예컨대 '머무름/떠남', '멈춤/흐름', '삶/죽음', '헤어짐/만남' 같은 것들이 한 몸으로 결속하는 과정이 담겨 있다.

푸른 나무들이 고요하고 외로워도, 비록 그 외로움이 '아름다움'과 '허무함'을 지니고 있다 해도, 그 모든 것은 무주상無住相일 뿐이기 때문이다. 이때 '무주상'이란, 크고 작음이 끊임없이 생멸하는 우주처럼, 어떤 특정하고 견고한 이미지에 긴박되지 않음을 말한다. 그처럼 강경화 시편에서 이제 '사랑'은, '시간'은, 그래서 시인은, 더 이상 특정한 이미지에 머물지 않고 흘러갈 수 있다. 더구나 "새로운 시간"을 위해 시간을 버린 이들이 다시 기억되지 않는다 하더라도, 그것은 시인에게 요동하지 않은 항심恒心을 가져다줄 뿐이다. 해가 지고 시간이 멈춘다 하더라도 이제 비로소 시인은 머물지 않고 흘러갈 수 있으니까 말이다. 이는 『금강경』의 "응무소주應無所住 이생기심而生其心" 곧 "마땅히 머무는 바 없이 그 마음을 내라."는 지혜를 담고 있는데, 무엇에도 집착하지 않는 마음으로 말하고 행함으로써 그 어떤 것에도 사로잡히지 않는 마음을 말하는 것이다. 이때 '머무름住'이란, 마음이 한 곳에 머물러 있는 것 즉 집착을 뜻하는데, 그 집착을 끊고 미혹을 지나, 강경화 시편들은 시간 저편으로, 아득하게 번져가고 있는 것이다.

3.

 지금까지 읽어온 것처럼 강경화 시편은, 시간의 흐름을 선형적線形的으로 바라보지 않고, '시간을 건넌 시간' 혹은 '시간을 넘어선 시간'을 상상하고 사유하고 표현한다. 그래서 시인이 "아아, 이제 나는 희망을 노래할 수/있겠구나."(「희망의 새」)라고 노래할 때나 "위대하여라,/사라진 시간들이여,/사라져 머무르지 않는 시간들이여!"(「환희」)라고 외칠 때, 우리는 그 '시간을 건넌 시간' 혹은 '시간을 넘어선 시간' 속에서 희망을 발견하는 시인의 품과 만나게 된다. 아득하지만 선명하고, 깊지만 넓은 강경화 시편들이 그렇게 완성되고 있는 것이다.

> 언젠가 나 그대를 위해 노래할 때
> 잿빛 구름 사이로 떠도는 저 새들도
> 날개를 접고 들판에 그림자 쓸어내리며
> 허기 그쳤으면 좋겠네. 바람이 싫어
> 허리를 흔들며 떠나만 가던 저 강물도
> 이제는 돌아와 외딴 생각들 사이로 멈추었으면
> 좋겠네. 고칠 수 없는 버릇인 듯 아직도 두 발 내리지 않고
> 날갯짓하며 허공 맴도는 내 망설임들도 머뭇거림도

이제는 그만 아침 배를 띄웠으면

좋겠네. 돌아오지 않을 기억들처럼 서글프고 부끄러워

전선에 줄지어 비를 맞고 있는 외로움들을

이제는 책갈피 속에 넣어 그만 닫았으면

좋겠네. 언젠가 주저앉은 저 강이 수많은 다리로 일어설 때

하늘은 빛나고, 붕붕 배들은 떠나고, 활기차게

아아, 모든 소리들, 때 묻은 지붕들

불꽃처럼 활활 날면 좋겠네, 좋겠네.

―「희망을 위해」 전문

  수없이 반복되는 "좋겠네."라는 말 속에는, 그 소망의 불가항력과 불가능성이 함께 녹아 있다. 시인은 자신이 사랑하는 이들이 "잿빛 구름 사이로 떠도는 저 새들"처럼 허기를 그치고 자유로워졌으면, "떠나만 가던 저 강물도" 돌아와 외딴 생각들 사이로 멈추었으면, 하는 바람들을 이어놓는다. 자신이 그토록 반복했던 "망설임들도 머뭇거림도" 떠나보냈으면, 외로움들도 이제는 "책갈피 속에 넣어 그만 닫았으면" 하는 바람들, 그것은 종국에는 "모든 소리들, 때 묻은 지붕들/불꽃처럼 활활" 날아가길 바라는 마음과 만난다.

이때 시인은 '멈춤/떠남', '돌아옴/날아감'의 순환적 반복 속에 자신의 자유로운 영혼이 놓이기를 열망한다. 그 '희망'을 위해 시인은 자신의 상황에 가파르게 맞서지 않고 그것을 운명적으로 부드럽게 받아들인다. 그 운명적 받아들임의 방법은 다름아닌 '시詩'였던 것이다. 그래서 "말은 묵언보다 용감하고/묵언은 말보다 거룩하기"(「시냇물 소리에 눈물이 있어」) 때문에 "아무도 부르지 않는 가벼움으로./부르는 곳이 있다면/달려가"(「시에게」)는 시인은 고단하게 '시'를 써온 것이다. 우리는 지금 그 역설적 희망의 '시'를 읽고 있는 것이다.

고故 강경화 시인은 짧지 않은 투병 생활 끝에 작년 봄에 작고하였다. 이제 시인에게는 유고시집이 될 이번 시집은, 남편 강창민姜昌民 시인이 그 전체적 얼개와 흐름과 세목을 완성한 결과이다. 이 시집에 실린 모든 시편은 시인 생전에 죽음의 예감과 고통 속에서 길어올린 언어의 정수라고 생각된다. 시인은 그래서 고통 속에서도 "눈꽃 같은 초연함으로 가야 한다면"(「청산 어귀에 남기고 가오」) 떠나겠노라고 노래하였고, "내 가난에도 머물지 못하고/내 슬픔에도 머물지"(「풀꽃의 혼」) 못하는 삶과 시간들을 노래하였다. 아프고 눈부시다.

지금 내 손엔 시인이 직접 사인까지 해서 건네주신 두 번째 시집 『가라, 사랑의 세월이여』(우리문학사, 1993)가 놓여 있다. 어언 17년의 상거相距가 가로놓인 그 시집을 펼쳐보니, 시인은 거기에 이미 "버려야 할 것들을 너무 아끼고, 풀어주어야 할 것들을 너무 움켜잡고 살아간다는 것을, 마땅히 받아들여야 할 결과로서의 삶을 부인하고, 지켜야 할 것들을 떠나고 싶어한다는 것을, 또한 늘 떠나고 싶다고 생각하면서 버리고 싶다고 생각하면서, 실은 항상 머무르고 있다는 것을"(「내 시를 읽는 독자에게」)이라고 고백해놓았다. 그 '떠나감'과 '머무름'에 대한 오랜 고백을 이번 시집에서 완성한 것이다.

강경화 시인은 다작多作의 시인이 아니었다. 1974년 신춘문예 당선 후 시력詩歷 35년을 꼭 채웠는데도 불구하고, 이번이 세 번째 시집이니, 그만큼 지상에 남긴 언어는 적다. 하지만 이번 시집으로 하여 시인은 자신의 모든 언어를 남김없이 쏟아놓은 듯하다. 그래서 이제 장성한 두 아들도 어머니가 남긴 이 '떠나감'과 '머무름'의 속 깊은 언어를 구체적으로 만날 것이고, 우리도 '시인 강경화'를 오래도록 기억할 수 있게 되었다. 그렇게 강경화 시인은 이제 더 이상 머물지도 않고 사라지지도 않을 '시'를 통해, 자신의 한 세월을 건너고 있을 것이다.

강경화姜敬和 연보

1951년 7월 14일, 충남 공주 출생
1963년 수송초등학교 졸업
1966년 이화여중 졸업
1969년 이화여고 졸업
1972년 연세대학교 영어영문학과 졸업
1974년 조선일보 신춘문예 시부문 당선, 「세 개의 전쟁」
1974년 연세대학교 대학원 문학석사 : 「Blake의 묵시론적 상상력으로 본 전원시의 세계에 대한 연구」
1975년 《현대문학》 추천완료 : 시인 박두진 추천
1977년 4월 30일 시인 姜昌民과 혼인
1977년 衿川 姜氏로 創氏
1977년 번역집 『시몬느 베이유, 불꽃의 여자』, 도서출판 까치.
1978년 2월 17일 큰아들 始沅 출산
1978년 성좌동인 시집 1집 『적과 적』, 한국브리태니커 동인 : 강창민, 김유신, 마광수, 안경원
1979년 성좌동인 시집 2집 『왜 뱀은 구르는 수레바퀴 속에 머리를 집어 말벌과 함께 죽어버렸는가』, 유림사 동인 : 강창민, 마광수, 신승철, 안경원
1980년 시집 『늦가을 배추벌레의 노래』, 평민사

1982년 1월 27일 둘째아들 尙沅 출산
1990년 시집 『가라, 사랑의 세월이여』, 우리문화사
1992년 사단법인 [한마음문화원] 부설 [체선문화원] 부원장
1995년 수필집 『사랑을 바꾸세요』, 석필
1994년 연세대학교 대학원 문학박사 :「Blake의 '자아'와 전도된 세계」
1998년 7월 14일 유방암 4기 진단, 항암치료 시작
1999년 12월 완치 판정
2002년 5월 21일 양평군 서종면 정배리 325-2로 이사
2004년 미타선원 법사
2008년 3월 폐, 임파선, 간에 전이 진단
2009년 4월 25일 오후 4시 55분 사망

1982년 동덕여자대학교 영문과 전임교수
1994년 동 대학 정교수
1998년 2월 퇴직
2007년 연세대학교 예술대학 영어영문학과 강사

이제 나는 머물지 않을 수 있는데

글쓴이 / 강경화
펴낸이 / 孫貞順
펴낸곳 / 모아드림

1판 1쇄 / 2010년 1월 28일

우 120-866 서울 서대문구 북아현3동 1-1278
전화 / 365-8111~2
팩시밀리 / 365-8110
E-mail / morebook@morebook.co.kr
http://www.morebook.co.kr
등록번호 / 제2-2264호(1996.10.24)

ⓒ강경화
ISBN 978-89-5664-132-4

* 잘못된 책은 구입하신 서점에서 바꾸어 드립니다.
* 지은이와의 협의하에 인지를 붙이지 않습니다.

값 7,000원